THE VERY BEST OF DEIX

Bilder aus den Jahren
1983 bis 1995

Diogenes

Die Bilder wurden aus den Werken
Augenschmaus, *Der Männer-Report*,
Küss' die Hand und *Deix am Sonntag*,
alle erschienen im Diogenes Verlag,
von Otto Kurz ausgewählt

250/99/21/1
ISBN 3 257 02069 4

Kinder, wie die Zeit vergeht…

Bill Clinton wird 1993 zum amerikanischen Präsidenten gewählt und geradezu prophetisch von Manfred Deix begrüßt.

Wo viel geheiratet wird, blüht klarerweise auch
das schändliche Heiratsschwindlergewerbe.

GESUCHT!
Hermine SCHREYVOGEL
Heiratsschwindlerin
10 000,- Belohnung!
orsicht! Die Gesuchte macht bedenkenlos
on ihrer Reizwäsche Gebrauch!

Das gestandene Mannsbild Obelix feiert 1989 seinen 30. Geburtstag.

1991 wird zum Mozart-Jahr erklärt. Die Begeisterung für das groß

alzburger Genie bleibt trotz Golfkrieg und Ozonloch ungebrochen.

Im Sommer 1990 stirbt Bruno Kreisky. Österreichs beliebtester Politiker hat sich seinen Plat

n Himmel redlich verdient. Ebenfalls oben: Herbert von Karajan und Thomas Bernhard.

Der Zuzug der Ausländer bringt natürlich Probleme mit sich. Viele Einheimische fühlen sich in ihrer nationalen Identität bedroht und fürchten sich vor Überfremdung. Das führt oft zu Überreaktionen.

Unser Boot is' voll, und drum is's mir ganz wurscht, obs Ihr aus'n Morgenland oder aus Polen oder aus Rumänien kummts: Ausländer is' Ausländer!!! I zähl' jetzt bis drei....
Schiaß' zuerst auf den Neger, der schaut am g'fährlichsten aus!

Auch mit der eigenen Geschichte setzt man sich auseinander.
März 1938. Hitlers Truppen marschieren in Österreich ein – pardon: überfallen Österreich.
Die Überfallenen machen auf ihre Art das Beste daraus.

Das Hakenkreuz inspiriert Fleischermeister M.: er entwickelt eine neue Wurst, von der vier Personen gleichzeitig essen können („Volkswurst")
Einfältige Gassenjungen drücken ihre Bewunderung für die schneidigen Besatzungssoldaten spielerisch aus.
uch viele alte
enschen huldigen in ihrer
hnungslosigkeit den neuen
Machthabern.
Nur einige Wenige fallen auf den Dämon Hitler nicht herein und leisten Widerstand. Ihrer sollte man 1988 besonders gedenken.
DER LÜGT JA WIE GEDRUCKT, DIESER HITLER! WEHE, WENN ICH DEN ZU FASSEN KRIEGE!!!!!
GUSCH, WALDHEIM!
DEIX

50 Jahre danach sind die damaligen Ereignisse Tagesthema
und bewegen jung und alt gleichermaßen.

12. März 1988. Österreich gedenkt des Anschlusses vor 50 Jahren.
Um einen neuerlichen Einmarsch deutscher Truppen zu vereiteln, bewacht Waldheim höchstpersönlich die deutsch-österreichische Grenze.
Diese Entschlossenheit imponiert sogar seinen Gegnern.

HELGA B., Serviererin

»Bei mir is jeder ein Mensch, der was sich anständig benimmt, auch wenn er hundertmal ein Jud' is oder ein Nazi!«

KARL L., Pensionist

»Der Hitler hod jo ned nur de Judn weggeputzt,
sondern leider aa de Zigeina,
de Kummerln, de Bochenen und de Deppertn.
Ewig schod um diese ormen Menschn!«

MONIKA S., Verkäuferin

»Das war sicher a schreckliche Zeit damals,
aber es is ja alles schon so lang her!«

Kummerln – Kommunisten
die Bochenen – die Homosexuellen
die Deppertn – die Geistesschwachen

Günther und Andrea P., Angestellte

»Wir haben mit unseren Eltern einmal darüber gesprochen, und sie haben gesagt, daß eigentlich kein Mensch gewußt hat, was da wirklich passiert ist!«

Martin R., Sportstudent

»Ich war damals ja nicht dabei, und außerdem bin ich noch viel zu jung, um darüber wirklich urteilen zu können, nicht?«

Heinz F., Taxifahrer

»Warum jammern de Judn?
Warum ham sie si' ned g'wehrt? Waun mir wer
wos tuat, daun hau'i eahm in die Goschn
und vergas' eahm eigenhändig, owa echt!«

die Goschn – die Fresse

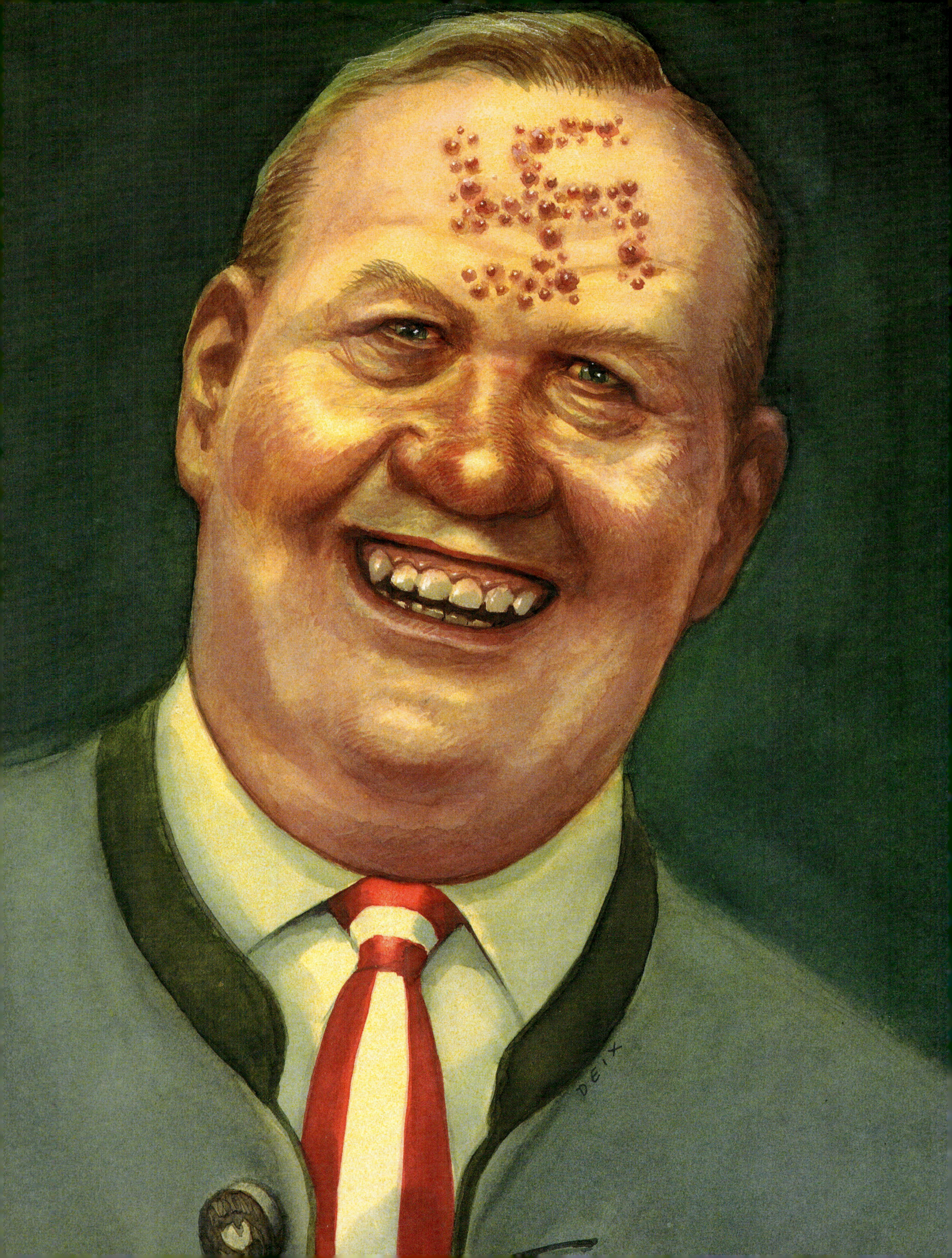
DEIX

Egal, was Jörg Haider auch sagt und tut:
Seine Fangemeinde wächst und wächst.

Insgesamt jedoch nimmt die Politikverdrossenheit zu. Was auch immer schiefläuft: schuld sind stets die Politiker. Ihr Ansehen in der Öffentlichkeit ist katastrophal. Über sie herzuziehen gehört fast schon zum guten Ton.

In Österreich wird das Pornographiegesetz locker gehandhabt.
Wie gut das ist, bleibt dahingestellt…

… jedenfalls wird damit das ohnehin schon prickelnde Klima in heimischen Wohn- und Schlafzimmern bis zur Unerträglichkeit aufgeheizt.

Es gibt einen Riesenerfolg zu vermelden:
das HANDY hat sich endgültig durchgesetzt.
Wer keines besitzt, ist hoffnungslos out.

MOFA-Telefon
Wos host denn heit kocht, Mausi? –Wurschtknedln?!? Mmm!! Bin scho unterwegs!!
TRAKTOR-Telefon
HAAALOOH!??!– –Sepp?! Du, paßts jo auf, daß eng koane Sau auskemman, gö? Auf d'Nocht bin i eh wieda dahoam! – Ende!
FIAKER-Telefon
Geh' Schatzi, wos solls bei mir scho Neichs gebm? – – A poa gspritzte Ausländа führ i umanaund – sunst nix!

HANS F., 44: »Das ganze Mann-Frau-Getue ist doch lächerlich. Ich bin Vater und Mutter zugleich, und dazu stehe ich.«

Gut, daß es den Vatertag gibt. Ehefrauen und Kinder haben somit wenigstens einmal im Jahr die Gelegenheit, den Familienerhaltern die Reverenz zu erweisen, sie nach Strich und Faden zu verwöhnen und ihnen jeden Wunsch von den Augen abzulesen.

Eine Frage wird auch in den neunziger Jahren für Konflikte sorgen, wenn man sich nicht bald einigt: Sollen die Eisenbahner eher früh (Abb. 1) oder eher spät (Abb. 2) in Pension gehen?

Senioren sind heutzutage in jeder Beziehung aktiver denn je.
Gestiegene Lebenserwartung und eine beachtliche Kaufkraft machen
sie für die Wirtschaft als Zielgruppe interessant.

Liberalität in allen Lebensbereichen: was noch vor kurzem als »Dirty Dancing« Furore gemacht hat und nur den Jugendlichen vorbehalten war, wird in den 90er Jahren zum selbstverständlichen Vergnügen für alle Altersgruppen.

Die Bedenken gegenüber der Gen-Technik
erweisen sich als unbegründet.
Verantwortungsvolle Wissenschaftler nutzen sie
ausschließlich zum Vorteil der Menschen.

GEN-manipulierte Haustiere bringen die Kinder sicher zur Schule
Super-Wellensittiche vermitteln einsamen Menschen Schutz und Geborgenheit
Braver Hansiburli! Tut schön auf Frauerl aufpassen, gell?
Eigens gezüchtete genügsame „Arbeitsmenschen" verrichten die schwersten Tätigkeiten
ZEM
Dort hinüber mit dem Zement, Robert!
Obst und Gemüse werden spottbillig
Die Rettung für die Landwirte: Kombination aus Bauer und Milchkuh
Der Landwirt
Glückliche Ehen durch gezielte Züchtung bestimmter Körperteile
Oh Du meine Königin!!!
DEIX

Vielleicht wird sich mit Hilfe der Gen-Technologie eines Tages eine der heimtückischsten Erbkrankheiten überhaupt besiegen lassen: Der Zinken (österr.: der große Pfrnak)

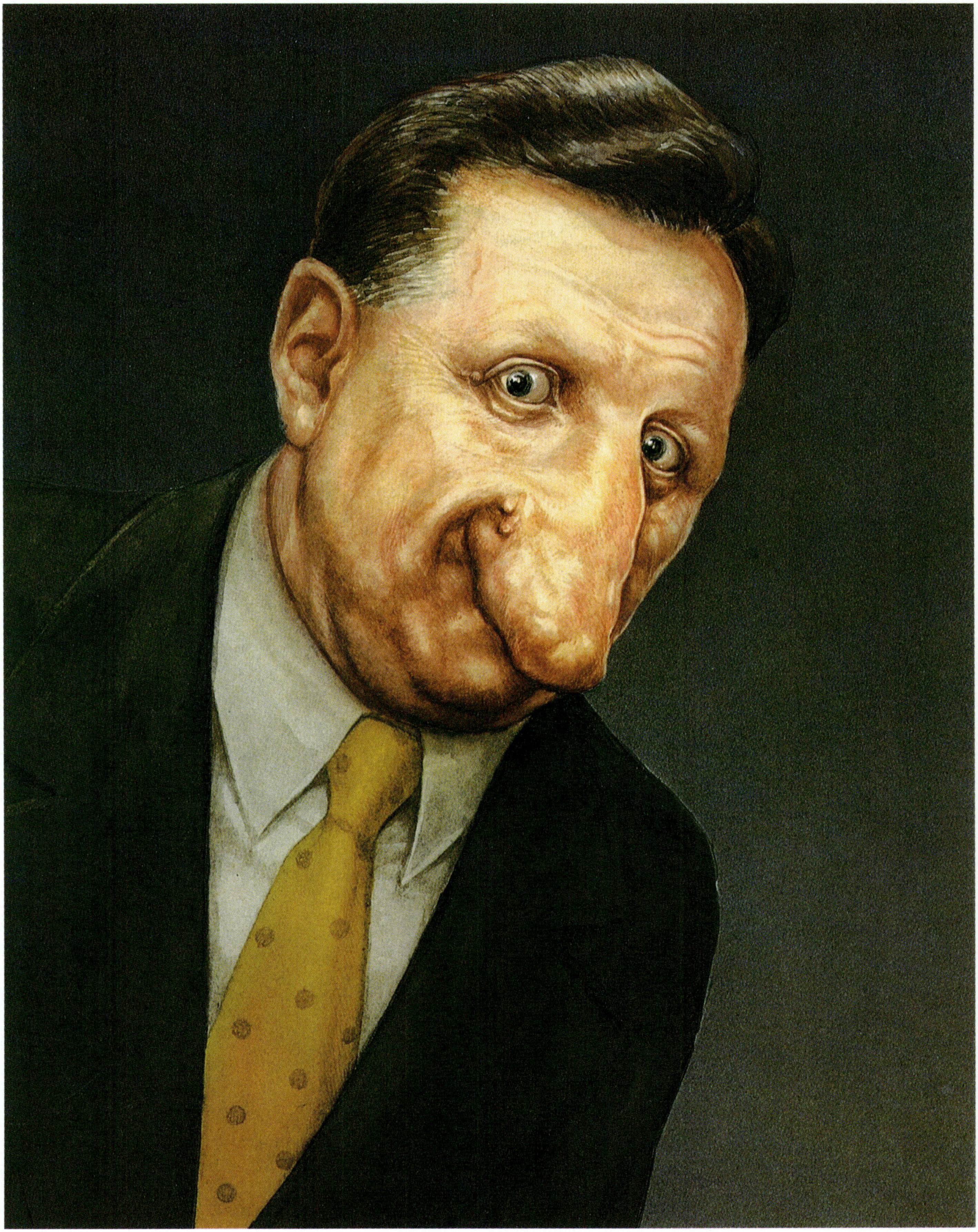

Internationale Medien behaupten: Elvis Presley lebt.
Zweifel werden laut: Wie hat er es geschafft, trotz seines
Bekanntheitsgrades jahrelang unerkannt zu bleiben?
Ganz einfach: durch geschickte Verkleidung …

ALLES O.K., KING?

..als Intellektueller....
...als orientalischer Potentat....
....als Häuptling Silberpfeil....
...als Hard-rock-musiker ....
...als Elvis-Verehrerin
ELVIS
Deix

...don't step on my BLUE SUEDE SHOES...!

Happy Birthday! Zwei feiern ihren Sechzigsten: Elvis 1995, Donald 1994.

Noch zwei Geburtstage. Einer, dem die Herzen massenweise zufliegen,
feiert im Mai 1990 seinen 40. Geburtstag: Thomas Gottschalk …

Sechzig ist der Gunter Sachs! Für and're arg. Für ihn ein Klacks.
Einverstanden. Zugegeben: Gunter führt kein schlechtes Leben.
Tja, so ist der Gunter Sachs: reich wie Stein, doch weich wie Wachs.
Fragt sich nur: Was wär' gewesen, wär' seine Herkunft nicht erlesen?
(Er lehnt heut' am Kneipentresen!)
Doch Gott ist stets auf seiner Seite: keine Panne, niemals pleite.
Als Fotograf ist er ein As – Kunstexperten wissen das.
Seine Bilder sprechen Bände, zieren vieler Villen Wände:
Es ist der Bilder tiefe Kraft, die Gunter Sachs unsterblich macht.
(Die Wahrheit, die noch keiner weiß: er ist auf dralle Frauen heiß!!)

Alice Schwarzer entfacht 1987 eine Diskussion über Gewalt in der Pornographie, die sich zu einer Diskussion über Pornographie ganz allgemein ausweitet. Sogar ein Porno-Totalverbot ist im Gespräch.

Die Programmgestalter des ORF lassen sich trotzdem nicht lumpen und senden einmal wöchentlich im Nachtprogramm erotische Filme…

H + F

Knapp vor Jahresende kündigt die Regierung aus budgetären Gründen eine Streichung der staatlichen Heiratsprämien ab 1988 an. Die Folge: plötzlich wird wie wild um Töchterhände angehalten und geheiratet, daß sich die Betten biegen.

Die Nachrüstungsdebatte: Wer braucht schon teure Abfangjäger, wenn es auch Abschreckjäger tun? (Kunststoff, aufblasbar, Stückpreis 150.–)

NIX GUT!
HAHAHA,
SOICHE HOSNSCHEISSA!

Am stillen Örtchen …
Gedanken zur fast wichtigsten Sache der Welt

Weidmannsheil und Prost!

Zur Erinnerung: Jäger haben Tiere gern.

Der junge deutsche Abenteurer Mathias Rust macht weltweite Schlagzeilen, weil er mit einer gekaperten Sportmaschine auf eigene Faust nach Moskau fliegt, auf dem Roten Platz landet und nach einer kurzen Haftstrafe zurück nach Deutschland darf. Friedliebende Komsomolzen winken der Maschine hinterher. Wenn das nicht der Beginn einer neuen Ära zwischen Ost und West ist, was dann? Das fragte Manfred Deix 1987.

Daß die Kriminalität zunimmt, ist unbestreitbar.
Daß folglich das Sicherheitsbedürfnis der Bürger zunimmt,
ist ja wohl nur logisch.

Österreich in der EU.
Die heimische Lebensmittelindustrie wird sich anstrengen müssen, wenn sie sich gegen die europäische Konkurrenz behaupten will.

AUSTRIA

Die österreichischen Fremdenverkehrsmanager müssen dem Land ein erotisches Image verpassen, um in Zukunft mit Bangkok, Kenia und Ibiza mithalten zu können. Folglich wirbt 1991 die Tiroler Wintersportgemeinde Sölden im Ötztal in einem Prospekt mit nackten Mädchen um Skitouristen. Die Überlegung liegt nahe, es auch einmal mit knackigen Männern zu versuchen.

SÖLDEN
... wo der Bär los ist!
SÖLDEN

Ein Österreicher, der sich intensiv für das Ansehen seines Heimatlandes engagiert: der steirische Weltstar Arnold Schwarzenegger.

Sozialarbeiter Fritz Sch. meint es etwas zu gut mit seinem blinden Schützling.

Da trug doch diese Rassefrau
ein Mieder ganz in Veilchenblau,
dazu die Strapse aubergine –
als Mann sieht man da gerne hin.
Die Brüste alabasterfarben,
in blassem Rot die Blinddarmnarben!
Des Venushügels Anthrazit
hielt mit der Augen Schwärze mit.
Die Augenlider violett,
dazu das rosa Himmelbett …
ich hab das alles selbst gesehn, …
ich hoffe, daß Sie mich verstehn!
So eine scharfe Zuckermaus!
Ein fleischgeword'ner Augenschmaus …

Friedlicher Wettstreit zwischen Österreich und Bayern

Beim Welser Volksfest (Oberösterreich) schlägt der Welser Landwirt und gehörnte Ehemann Franz R. (links) seinem bayerischen Nebenbuhler Max K. (rechts) einen Wettkampf vor: Wer von beiden imstande ist, ein Weinglas beziehungsweise einen Bierkrug länger auf dem Kopf zu balancieren, ohne auch nur einen Tropfen zu vergießen, erhält die alleinigen Begattungs-

rechte an der Ehefrau des Österreichers. Gesagt, getan. Es wird eine lange Nacht, die schließlich mit einem Unentschieden endet.

Im Morgengrauen einigen sich die ebenbürtigen Gegner per Handschlag, einander mindestens einmal pro Monat in Wels beziehungsweise in Truchtlaching zum gemeinsamen Partnertausch zu treffen. Ein schönes Beispiel, daß Konflikte auch unblutig ausgetragen werden können.

Erschütterndes Ergebnis einer Umfrage zum Thema Sex am Arbeitsplatz.
63 Prozent der befragten Frauen geben an, daß sexuelle Belästigung durch männliche Kollegen und Vorgesetzte zum Arbeitsalltag gehört.

Tatort Büro

Tatort Eisdiele

Sexuelle Belästigung am Arbeitsplatz wird zu Recht angeprangert. Daß aber Männer ebenso davon betroffen sind und sexuelle Übergriffe erdulden müssen, wird wohlweislich verschwiegen.

ATORT BÜRO: Chefsekretärin belästigt Oberbuchhalter

Kinder, wie die Zeit vergeht…

Prost und bis bald im nächsten Jahrtausend!

In gleicher Ausstattung sind erschienen

Loriot
Herren im Bad

Sieben dramatische Geschichten von Loriot mit den farbigen Bildern aus seinen Zeichentrickfilmen

Herren im Bad · Feierabend · Fernsehabend · Wo laufen sie denn? · Das Frühstücksei · Der sprechende Hund · Das Interview

Wer kennt sie nicht, die Herren Müller-Lüdenscheidt und Doktor Klöbner? Wohl selten haben sich literarische Figuren so verselbständigt. Man kann die beiden Herren mit Fug und Recht zu den bekanntesten (lebenden) Deutschen zählen ...

»Irgendwann hat man sich mal gewünscht, alle diese schönen Loriot-Sketche gedruckt zu sehen – jetzt erfüllt der Diogenes Verlag uns diesen Wunsch. Ein Lesegenuß, mit Wiedererkennungswert.«
Frankfurter Rundschau

Sempé's
Radfahrer

Die schönsten Radfahrerinnen und elegantesten Radfahrer auf 60 opulenten, meist farbigen Seiten – mit zärtlichem Blick eingefangen und mit zartem Strich gezeichnet

»Liebevoll, witzig und kritisch – diese Zeichnungen mit stets neu zu entdeckenden Details haben viele Facetten.« *Salzburger Nachrichten*

»Jede der zarten, liebevollen Zeichnungen beschreibt eine Szene aus dem Radler-Alltag. Der kann lust- und leidvoll sein; letztlich gewinnt bei Sempé die heitere Seite: beim Tratsch der Radfahrerinnen auf der Kreuzung oder bei anderen Heldentaten der kleinen Leute. Ein Bilderbuch fast ohne Worte – für jedes Alter.« *Die Rheinpfalz, Ludwigshafen*

»Jean-Jacques Sempé ist verspielter Romantiker und lächelnder Melancholiker zugleich; ein Flaneur zwischen nostalgischen Skurrilitäten und modernem Alltag.« *Frankfurter Allgemeine Zeitung*

Als Bär ist
meine Leidenschaft
der wunderbare Honigsaft.
Ich reiß' auch gerne mal ein Schaf,
das ist nicht schlimm, ich find' das brav.
(Obwohl man das nicht tuen darf!)
Unsereiner hat's als Bär
bei Gott nicht leicht —
schon eher schwer.